Bildschönes HAMBURG

Michael Pasdzior

»Ohh Hamburg meine Perle,
du wunderschöne Stadt,
du bist mein Zuhaus, du bist mein Leben
du bist die Stadt auf die ich kann,
auf die ich kann ...«

Lotto King Karl

BRUCKMANN

2
1 5 3
4

PLAN de la Ville Imperiale d' HAMBURG mis
au jour par les Heritiers de feu Mons le Doct Homann
Avec Privil.
ALSTER FLUS
St Jurgens Alster
Die Binnen Alster
Lange Rege
Schleuse
St Petri
et Pauli
Unser Lieben Frauen
oder
Der Dohm
St Gertraut
Brook

Lang Wootton

Inhalt

◁◁ **Modell einer Hansekogge** vor dem Turm des Rathauses (S. 4).
Die Alsterfontäne auf der Hamburger Binnenalster (S. 6).
▷ Das Hamburger Rathaus mit der Flagge der Hansestadt.
▷ Schiffsanlegestelle vorm Alsterpavillon.
▷ Die Speicherstadt mit St. Nikolai.

Zwischen Alster und Elbe

◁ HAMBURGS WAHLSPRUCH steht über dem Portal des Rathauses: »Libertatem quam pepere maiores digne studeat servare posteritas« (»Die Freiheit, die erwarben die Alten, möge die Nachwelt würdig erhalten«). Auf diese Freiheit ist man in Hamburg seit Generationen stolz.
Als Freie Reichsstadt war Hamburg schon zu Zeiten des Heiligen Römischen Reichs Deutscher Nation (800–1806) direkt dem Kaiser unterstellt und konnte sich so eine gewisse Unabhängigkeit gegenüber den Fürsten bewahren. Seit dem Mittelalter war die Stadt zudem Mitglied der Hanse, eines Wirtschaftsbundes der Nord- und Ostsee-Anrainer. Die Mitglieder – von Brügge im äußersten Westen, Köln, London, Bremen, Hamburg, Lübeck, Riga und dem altrussischen Nowgorod in der östlichsten Ecke der Ostsee – unterstützen sich gegenseitig beim Handel und verteidigten ihre Koggen gegen Piraten. Die Kogge (wie das Modell auf Seite 4) war ein Segelschiff der Hanse, das aus älteren skandinavischen Hochseeseglern und flacheren friesischen Wattenmeerschiffen entwickelt wurde. Das aus Holzplanken gebaute Segelschiff hatte in der Regel einen Mast, ein Rahsegel und hoch oben einen Krähennest genannten Ausguck. Viele Koggen waren zusätzlich mit Kanonen ausgestatten um sich gegen Piraten verteidigen zu können.
So gelangten die in Hamburg »Pfeffersäcke« genannten Kaufleute früh zu einigem Reichtum. Im besten Sinne des Wortes war Hamburg stets eine Bürgerstadt, nie fürstliche Residenz. Das Geld für viele bedeutende Bauten wurde von wohlhabenden Bürgern und Kaufleuten gestiftet.

Zwischen Alster und Elbe

◁**Das Rathaus an der Trostbrücke** wurde mitsamt der Innenstadt durch den großen Brand von 1842 zerstört. Als Standort für den Neubau wählten die Hamburger einen Platz an der Binnenalster. Es sollte dann allerdings noch Jahrzehnte dauern bis das Rathaus 1897 im Stil des Historismus fertig gestellt war. Das dreiflügelige Gebäude aus Granit und Sandstein, mit einem Dach aus Kupfer hat eine Länge von 111 Metern.

◁**Das Matthiae-Mahl** findet auch heute noch alljährlich im Rathaus statt. Seit 1356 wird das Festmahl feierlich begangen. Im Mittelalter galt der Matthias-Tag am 24. Februar als Frühlingsbeginn, an dem die Aufgaben im Senat neu verteilt wurden und man neue Bürgermeister aus der Reihe der Senatoren wählte. Das passiert zwar heute nicht mehr an diesem Tag, aber auch heute noch richtet sich das Protokoll nach 800 Jahre alten Regeln. Stets wird ein ausländischer und ein deutscher Ehrengast eingeladen sowie 400 weitere Gäste, darunter die Leiter der Konsulate.

◁**Der Rathausturm** in der Mitte ist 112 Meter hoch. Zwischen den Fensternischen an der Fassade zum Rathausmarkt stehen 20 Kaiser des alten Reiches von Karl dem Großen, der das Reich mit seiner Krönung im Dom zu Aachen 800 begründete, bis Franz II., mit dem es 1806 im Zuge der napoleonischen Kriege unterging. Darüber am Mittelturm aber sind die bürgerlichen Tugenden Weisheit, Eintracht, Tapferkeit und Frömmigkeit dargestellt. Kein Zufall! Die Hamburger siedelten ihre bürgerlichen Tugenden höher an als fremde Autoritäten.

▷**Die Alsterarkaden** sind vom Rathausmarkt durch die sogenannte kleine Alster getrennt.

▷**Die Hamburger Börse** wurde 1558 als eine der ersten Börsen Deutschlands eröffnet. Heute gliedert sich die Hamburger Börse in fünf Bereiche: Allgemeine Börse, Wertpapier-, Versicherungs-, Getreide- und Kaffeebörse.

LIBERTATEM·QUAM·PEPERERE
MAIORES·DIGNE·STUDEAT
SERVARE·POSTERITAS.

Hugo Vogel

Zwischen Alster und Elbe – Die Hamburger Innenstadt

◁**Bleichenfleet.** Hinter der Schleuse am Rathausmarkt hat die Alster nur noch ein schmales Kanalbett. Quer durch die Innenstadt fließt sie entlang des parallel verlaufenden Bleichenfleets, bis sie am Hafen in die Elbe mündet. An den Wasserstraßen der City stehen dicht an dicht Geschäftshäuser und Ladenpassagen. Einige Cafes haben ihre Terrassen auf Pontons auf dem Wasser verlegt, sodass man sich bei Sonnenschein fast wie in Venedig fühlt. Im rechten Winkel zu den Fleeten und den dazwischenliegenden Einkaufsstraßen Neuer Wall und Große Bleichen verläuft die Poststraße als Verbindung zwischen Rathaus- und Gänsemarkt.

▽Parallel dazu blicken die Gebäude **am Jungfernstieg** auf die Binnenalster mit der Wasserfontäne in der Mitte.

▽**Die Uferpromenade** wurde 2006 aufwändig neu gestaltet. Seitdem bietet die elegante Flaniermeile einen fast unverbauten Blick auf die Alster mit den hier anlegenden Ausflugsdampfern.

▽▽Einzige Ausnahme: **der Alster-Pavillon** direkt am Ufer. Das traditionsreichste Kaffeehaus Hamburgs wurde bereits 1769 eröffnet. Hier gingen reiche Hamburger und Musiker wie etwa Paganini ein und aus. In den 30er-Jahren war der Pavillon legendärer Treff der Hamburger Swingjugend. Teenager, die den Swing von Duke Ellington und Benny Goodman hörten und mit Begeisterung Lindy Hop tanzten. Die Nazis verboten die Musik und begannen 1942 mit der Verfolgung der Jugendlichen. Im Krieg wurde das Gebäude zerstört und erst 1953 wieder aufgebaut. Die Liebe der Hamburger zu »ihrem« Alster-Pavillon aber ist ungebrochen.

▽▽**Am Schiffsanleger** direkt vor der Terasse des Pavillons legen die Ausflugsdampfer ab.

Zwischen Alster und Elbe

◁**Am Bleichenfleet**, zwischen der Bleichenbrücke und der Straße Große Bleichen liegt der Bleichenhof. Unter dem Glasdach vor eventuellem »Schietwetter« geschützt, können Passanten in Ruhe Schmuck-, Antiquitäten- und Schuhläden sowie Kunstgalerien begutachten. Der Neue Wall auf der anderen Seite des Bleichenfleets ist die Designer-Einkaufsmeile Hamburgs. Ein edles Geschäft reiht sich hier ans nächste: von Armani, Joop, Jil Sander, dem Juwelier Bulgari, Hermés, Louis Vuitton oder auch Budapester Schuhe findet sich hier alles, was die Kreditkarte glühen lässt.

◁**Bürgermeister Petersen** haben die Hamburger vor einem eleganten weißen **Stadtpalais am Neuen** Wall ein Denkmal gesetzt. Der Jurist Dr. Carl Friedrich Petersen (1809–1892) war mit Unterbrechungen von 1876 bis zu seinem Tod 1892 Erster und (in manchen Jahren) auch Zweiter Bürgermeister der Hansestadt. Zusätzlich hatte er zahlreiche Ehrenämter – unter anderem war er Armenpfleger, engagierte sich für den Wiederaufbau Hamburgs nach dem Großen Brand und war Mitglied der Patriotischen Gesellschaft. So arbeitete er ab 1849 an einer neuen Verfassung für Hamburg mit, die mit einem Kompromiss 1860 beschlossen wurde. 1866 sorgte er dafür, dass die Hamburger Bürgerschaft im Deutschen Krieg von 1866 auf Seiten Preußens ein Truppenkontingent für den Kampf gegen die Österreicher bereitstellte. Damit war Hamburg bei Kriegsende auf Seiten der Sieger.

◁**Die Colonnaden** führen von der Ecke Jungfernstieg/Große Bleichen nach Westen in Richtung Stephansplatz. Ihren Namen verdanken sie dem Säulengang, mit dem die weißen Häuser im Neorenaissance-Stil verbunden sind.

▷**Statue von Bürgermeister Petersen** an der Trostbrücke.

BÜRGERMEISTER

Zwischen Alster und Elbe

◁**Der dreieckige Gänsemarkt** wird von sieben Straßen angesteuert. Nicht ganz in der Mitte steht das 1881 errichtete Lessing-Denkmal. Es erinnert daran, dass Gotthold Ephraim Lessing seine »Hamburgische Dramaturgie« in der Zeit von 1770 bis 1776 verfasste, als er als Dramaturg am Nationaltheater in Hamburg arbeitete.

◁**Die Finanzbehörde** von 1926 ist der vielleicht berühmteste Bau des Hamburger Architekten Fritz Schumacher. Mit der klassischen Hamburger Klinkerbauweise orientierte sich der Architekt am traditionellen norddeutschen Baustil. Die streng geometrische Anordnung der Fenster und die durchdachte Schlichtheit der Elemente weisen seinen Bau darüber hinaus als Vertreter der Moderne aus. Schumacher hatte schon 1907 in München den Deutschen Werkbund mitbegründet. Eine Vereinigung, die versuchte, einen neuen Qualitätsbegriff für die damals noch junge kunstgewerbliche Industrieproduktion zu finden. Zentrales Anliegen war die Suche nach neuen, durch Zweck, Material und Konstruktion bestimmten Formen. Die Form sollte die Funktion vorgeben. So entstand die »Neue Sachlichkeit«, die nicht mehr nur Möbel und Architektur des Adels kopierte, sondern neue, für jeden Bürger erschwingliche Produkte entwickeln wollte. Schumacher-Bauten begegnet man in Hamburg auf Schritt und Tritt, etwa im Kontorhausviertel oder bei der vielleicht bekanntesten Polizeistation Deutschlands, der Davidwache auf der Reeperbahn.

▷**Oberpostdirektion am Stephansplatz.** 1980 entstand die Gänsemarktpassage, die den Gänsemarkt mit den Colonnaden verbindet. An deren Ende stößt man auf den Stephansplatz. Benannt ist er nach Heinrich von Stephan (1831–1897), dem Gründer des Weltpostvereins. Hier steht die imposante 1887 eingeweihte Oberpostdirektion. Die Fassade schmücken allegorische Gruppen, die den Nutzen von Post, Telegraphie und Telephonie darstellen sollen.

Zwischen Alster und Elbe

◁**Die alte Post** wurde 1847 nach Plänen von Alexis de Chateauneuf im Stil eines italienischen Renaissance-Palazzos mit Rundsteinbögen aus Sandstein gebaut. Alle vier in Hamburg tätigen Postanstalten sollten zusammengelegt werden: Hamburgische Stadtpost, Hannoversche Post, Thurn und Taxis'sche Post und Königlich-Schwedische Post. Ihre Wappen zieren noch heute die Portale des Gebäudes. Auffällig ist der hohe Uhrenturm, der als Zeigertelegraf den optischen Endpunkt bildete für die Übermittlung von Nachrichten bis zur mehr als 200 km entfernten Elbmündung bei Cuxhafen. Heute befindet sich im Erdgeschoss eine kleine, aber feine Ladenpassage. Hinter der Vergangenheit der Nachrichtenübermittlung scheint hinter dem Postturm die Zukunft auf: Der Fernsehturm auf dem Messegelände, unweit des Dammtorbahnhofs. Das Hanseviertel umfasst das Areal zwischen Binnenalster und Stadthausbrücke.

◁**Jungfernstieg.** Von der Lombardsbrücke, die über die Verbindung zwischen Binnen- und Außenalster verläuft, hat man einen grandiosen Blick auf den gegenüberliegenden Jungfernstieg.

▷**Reich ausgestattete Kontorhäuser** waren früher der Stein gewordene Ausdruck erfolgreichen Handels der Hamburger Kaufmänner, wie hier am schicken Treppenaufgang eines Kontorhauses an der Großen Bleichen zu sehen. Heute stehen die im Hanseviertel allgegenwärtigen Passagen dafür: Bleichenhof, Hanseviertel, Kaufmannshaus, Galleria und Gänsemarktpassage. Unter einem schützenden Glasdach bieten sie auch bei Regenwetter ungetrübten Einkaufsspaß.

▷**Europapassage.** Das jüngste Bauwerk dieser Art ist die 2006 eingeweihte Europapassage, die den Rathausmarkt nach Südosten an die Mönckebergstraße anbindet. In der zweiten Reihe des Hanseviertels finden sich aber auch noch viele traditionelle Geschäftshäuser.

Zwischen Alster und Elbe

◁**Thalia Theater.** Ein Stück von der geschäftigen Einkaufsstraße zurückgesetzt liegt das Thalia-Theater. Benannt nach Thalia, der Muse der komischen Dichtung und der Unterhaltung, hat das Theater in den vergangenen Jahren etliche Preise abräumen könne. So wurde das Haus 2003 und 2007 zum Theater des Jahres gewählt.

◁**Der Barkhof.** Hier wurde ein Schmuckbau mit dorischen Säulen für die öffentliche Bücherhalle errichtet. Heute befindet sich in dem Gebäude eine Burger King-Filiale. Es gibt aber Planungen der Stadt hier eine Tourist-Info unterzubringen Vor dem kleinen zweistöckigen Häuschen befindet sich ein Brunnen mit einem Denkmal für Bürgermeister Mönckeberg.

▷**Levantehaus auf der Mönckebergstrasse.** (großes Bild rechts und kleines Bild diese Seite Mitte) Die Mönckebergstraße beheimatet noch eine etwas ältere Vertreterin der Hamburger Passagenkultur: das Levantehaus. 1912/13 wurde dieses Kontorhaus erbaut und 1997 zu einer kleinen Passage umgebaut, in der edle Boutiquen vertreten sind. Eigentlich ist das Levantehaus keine echte Passage. Sowohl Ein- als auch Ausgang befinden sich in der Mönckebergstraße. Auch diese Straße verdankt ihre Entstehung einer Katastrophe. Die Choleraepidemie von 1892 bewog den Senat und Bürgermeister Mönckeberg das enge Viertel mit seinen unhygienischen Verhältnissen und kleinen Betrieben abzureißen. Die neue Straße schuf eine großzügige Verbindung zwischen Hauptbahnhof und Rathausmarkt. Entlang der kleineren Spitalerstraße, der Mönckebergstraße und dem östlichen Steindamm wurden moderne Kontorhäuser gebaut. Büroräume wurden dringend benötigt, seit der Handel 1888 mit dem Beitritt zum Deutschen Zollverein aufblühte. Die Einmündung der schräg auf die Mönckebergstraße zulaufenden Spitalerstraße wurde bewusst nicht zugebaut. So entstand ein kleiner dreieckiger Platz:

LEVANTEHAUS
Geschenkartikel

Allianz

Zwischen Alster und Elbe

◁**Turm von St. Nikolai**. 10 Grad Ost, 53,7 Grad Norden und 147 Meter Höhe – das waren die Koordinaten, die Hamburg im Juli 1943 zu einem irdischen »Gomorrha« machen sollten. Denn genau dort ragt der Turm von St. Nikolai in der Hamburger Neustadt unweit des Hafens in den Himmel. So wurde St. Nikolai einmal mehr zur Schicksalskirche der Stadt. Mit der Operation »Gomorrha« wollten die Alliierten sich für Hitlers Bombenkrieg rächen, der das polnische Warschau, das englische Coventry und viele andere Städte in Schutt und Asche gelegt hatte. Im Juli 1943 also peilten feindliche Bomberverbände den 147 Meter hohen Turm von St. Nikolai an, zu der Zeit das höchste Bauwerk Hamburgs. Tausende von Brand- und Sprengbomben sowie unzählige Phosphorkanister sollten weite Teile der Stadt in Schutt und Asche legen. Auch die 800 Jahre alte Kirche, im 12. Jh. von Kaufleuten und Seefahrern gegründet, die sich als Schutzpatron den Heiligen Nikolaus wählten, den Patron aller Fahrensleute, ging in Flammen auf. Nach dem Krieg blieb nur der Turm als Mahnmahl übrig.

▷**Das Kranwärterhäuschen** an der Molenspitze, der Speicherstadt gegenüber, ist das einzige bewohnte Gebäude der gesamten Speicherstadt. Ein Mitarbeiter des Amtes für Strom- und Hafenbau hat hier seine Dienstwohnung.

▷**die Willy-Brandt-Strasse**. Gleich neben St. Nikolai am Hopfenmarkt tobt der Verkehr sechsspurig auf der Willy-Brandt-Straße. Erst Ende 2005 entschloss man sich in Hamburg einen Teil der Ost-West-Straße nach dem Ehrenvorsitzenden der SPD zu benennen.

▽ und ▽▽ **Als St. Jacobi** (Bilder diese Seite links und unten) das erste Mal 1255 erwähnt wurde, lag die kleine Pilger-Kapelle auf dem Jakobsweg noch außerhalb der befestigten Stadt. Heute ist der Turm von St. Jacobi einer der fünf charakteristischen Kirchtürme der Hamburger Innenstadt. Die Kirche liegt etwas versteckt hinter einer Häuserzeile der Mönckebergstraße. Zwischen 1350 und etwa 1400 wurde die Kapelle durch eine dreischiffige gotische Hallenkirche ersetzt und 100 Jahre später um ein viertes Kirchenschiff an der Südseite sowie eine Sakristei an der Nordwand erweitert. Im Inneren der Kirche sind drei mittelalterliche Altäre erhalten: der St. Trinitas Altar im Hauptchor (1518), der St. Petri Altar (1508) im 1. Südschiff und der aus dem Hamburger Dom stammende St. Lukas Altar (1500) im 2. Südschiff. Nach dem Krieg gestaltete Charles Crodel die Chorfenster über dem St. Trinitas-Altar neu.

▽ und ▷ **St. Petri**. Nur einen Steinwurf entfernt liegt St. Petri. Auch diese Kirche wurde schon im Mittelalter urkundlich erwähnt und zwar 1195. Um 1310/20 wurde auch St. Petri zu einer dreischiffigen gotischen Hallenkirche ausgebaut. Am Westportalflügel findet sich ein Löwenkopf-Türknauf, der an die Fundamentlegung des ersten Turmes von 1342 erinnert. Er ist das älteste Kunstwerk Hamburgs. St. Jacobi und St. Petri sind zwei der fünf Hauptkirchen Hamburgs – neben St. Nicolai, St. Katharinen und St. Michaelis. Die fünf Gemeinden wählten ihre »Oberalten«, die sie ins Stadtparlament entsandten. Ab 1526 nahmen dann fast alle Bürger der Stadt das evangelisch-lutherischen Bekenntnis an, 1528 führte die Freie Reichsstadt eine neue Kirchenordnung ein.

Zwischen Alster und Elbe

◁ **Hamburger Hauptbahnhof** (Bilder linke Seite oben und unten). 1906 wurde auf dem einstigen Stadtwall der Hamburger Hauptbahnhof errichtet. Die Bahnsteighalle hat eine Spannweite von 73 Metern. Im Ganzen ist die Bahnhofshalle 150 Meter lang, 114 Meter breit und bis zu 73 Meter hoch. Heute finden sich in der Halle Geschäfte und vor allem Imbissstände. Während am Hauptausgang im Südwesten den ankommenden Bahnreisenden die Innenstadt erwartet, findet sich am nord-östlichen Ausgang St. Georg mit seinem kleinen Rotlichtbezirk.

▷ **Schauspielhaus.** Gleich schräg gegenüber steht das renommierte Hamburger Schauspielhaus, eine der schönsten und größten Bühnen in Deutschland. Das Haus, an dem Gustav Gründgens Intendant war und mit seiner Inszenierung von Goethes Faust Theatergeschichte schrieb, hat immer wieder mit richtungsweisenden Aufführungen sein Publikum gefunden. Die Gründung des Hauses ging wie so oft in Hamburg auf die Initiative von Privatleuten zurück. Schon im 18. Jh. hatten Hamburger Bürger für ein anspruchsvolles Theater gesorgt: das Nationaltheater, in dem Lessing 1767/68 als Dramaturg arbeitete. Über hundert Jahre später, am 15. September 1900 war es soweit: Das von den Architekten Ferdinand Fellner und Hermann Hemler für gut 1 Million Mark erbaute Haus wurde feierlich eröffnet.

▷ **Chilehaus.** In der gleichen Zeit entstand auch das Kontorhausviertel, das sich südlich an den Hauptbahnhof anschließt. Das Chilehaus ist eines der eindruckvollsten Beispiele für die Bürohausarchitektur des frühen 20. Jahrhundert.

▷ **Die Lombardsbrücke** geleitet den Verkehr vom Hauptbahnhof Richtung Dammtor über die Verbindung zwischen Binnen- und Außenalster.

▽ **Die Kunsthalle** aus dem Jahr 1869 ist ebenfalls einer Initiative Hamburger Bürger zu verdanken. Schon 1846 trafen sich die Mitglieder des Kunstvereins, um ein Museum für Hamburg zu fordern. Um dieser Forderung Nachdruck zu verleihen, schenkte der Hamburger Architekt Friedrich Stammann spontan Paul Hipolyte Delaroches Bild »Cromwell am Sarge Karls I.« Weitere Schenkungen und Stiftungen vergrößerten die Sammlung rasch, sodass das Ausstellungslokal des Vereins schon bald zu klein geworden war. Wieder spendeten die Hamburger Bürger – diesmal für den Bau eines Ausstellungsgebäudes, die Stadt stellte das Grundstück auf der ehemaligen Bastion Vincent zur Verfügung, und so konnten 1863 die Bauarbeiten beginnen. 1869 wurde die Kunsthalle eröffnet. Gut hundert Jahre später 1996 waren die Räumlichkeiten wiederum an allen Ecken und Enden zu klein geworden.

▷ **Galerie der Gegenwart.** Ein neues Haus musste her: die Galerie der Gegenwart. An der markanten Ecke zwischen Binnen- und Außenalster steht nun der von Oswald Mathias Ungers entworfene weiße Kubus. Er setzt dem länglichen Areal zwischen Hauptbahnhof und Alster einen gekonnten Schlusspunkt zum Fluss hin. Für den Architekten ist das Quadrat die perfekte Form, mit dem er sich auf die Renaissance beruft, auf Palladio und Ledoux. Der Kubus beherbergt nun die internationale Kunst der Gegenwart, von der Pop Art bis zu Kunstwerken der heutigen Zeit. Das Ausstellungskonzept verbindet in Hamburg räumlich und auch inhaltlich die Gegenwartskunst mit den anderen Kunstsammlungen. Unterirdisch ist die Galerie der Gegenwart mit den beiden älteren Gebäuden verbunden, welche die Galerie der Klassischen Moderne, die Galerie des 19. Jahrhunderts und die Galerie Alte Meister sowie das Kupferstichkabinett beherbergen. Wechselnde Ausstellungen – vor allem Malerei seit den 60er-Jahren des 20. Jh. – bereichern das Programm. Besonders der Lichthof im Inneren der Galerie der Gegenwart beeindruckt mit seinem faszinierenden Lichtspiel.

Zwischen Alster und Elbe

◁**Die Hamburger Kunsthalle** ist unterirdisch mit der Galerie der Gegenwart verbunden und diese Verbindung lehnt sich architektonisch an die beiden älteren Gebäude von Karl Friedrich Schinkel an. Wie die beiden anderen Gebäude ist das Tiefgeschoss außen mit rotem Granit verkleidet. Die Kunsthalle wurde stark durch ihren ersten Direktor Alfred Lichtwark geprägt.

◁**Kunstsammlungen**. Vor allem deutsche Malerei des 19. Jh. ist hier ein Schwerpunkt. Fast am meisten interessierte sich Lichtwark aber für Kunst aus Hamburg. Dafür entwickelte er gleich drei Sammlungsschwerpunkte: Die Sammlung »Geschichte der Malerei in Hamburg« wurde 1888 begründet, »Hamburger Künstler des 19. Jahrhunderts« wurde 1895 eröffnet und 1889 wurde schließlich die »Sammlung von Bildern aus Hamburg« begonnen. Hierfür lud Lichtwark Künstler wie Max Liebermann, Lovis Corinth oder Pierre Bonnard nach Hamburg ein, um hier zu malen.

▷**Museum für Kunst und Gewerbe**. Im Süden schließt an den Hauptbahnhof das Museum für Kunst und Gewerbe an. Dass dieses Haus gegründet wurde, ist vor allem dem Juristen und Kunstkritiker Justus Brinckmann zu verdanken, der 1866 einen enthusiastischen Aufruf zur Gründung eines solchen Museums veröffentlichte. 1874 wurde das Museum eröffnet, 1877 zog man mit Brinckmann als Direktor an den Steintorplatz um, wo das Museum bis heute seinen Standort hat.

▷**Die Deichtorhallen** (Bild Mitte und unten) beherbergten ursprünglich den Blumengroßmarkt. Bis der Hamburger Industrielle Kurt A. Körber 1989 der Stadt das Geld für die Renovierung als Ausstellungsfläche spendete. Die Körber-Stiftung übernimmt seitdem die Unterhaltskosten für die Ausstellungshallen. Künstlerischer Schwerpunkt ist die Fotografie.

▷ **Die St. Nikolai Kirche** in der Dämmerung. Nach dem Zweiten Weltkrieg hatte sich die Gemeinde von St. Nikolai zu einem Neubau im Stadtteil Harvestehude an der Außenalster entschlossen.
Das ergab insofern Sinn, als der Kirche schon in den 1880er-Jahren die Gemeinde durch den Bau der Speicherstadt, für die die Wohnquartiere in der Neustadt abgerissen worden waren, abhanden gekommen war.

Die »alte« Neustadt und der Hafen

◁**Die Trostbrücke** ist die älteste Verbindung zwischen der aus dem 9. Jh. stammenden Altstadt und der Neustadt, die im 12. Jh. von Adolf III., Graf von Schauenburg und Holstein als Gegengewicht zum Domkapitel gegründet wurde. Erstmals erwähnt wurde die Brücke, die den Nikolaifleet überspannt, 1266. Bis zum Großen Brand befand sich hier das Handels- und Verwaltungszentrum der Stadt Hamburg. Die heutige Brücke wurde 1881 errichtet und wird auf der zur Altstadt gelegenen Seite von einer Figur des heiliggesprochenen Erzbischofs der Altstadt Ansgar beherrscht. Gegenüber steht die Figur seines weltlichen Gegenspielers, Adolf III.

◁**Grosse Reichenstrasse**. Die heutige Neustadt wurde erst im 17. Jh. Teil der inneren Stadt, sie schließt westlich an die mittelalterliche Altstadt an. Die Bewohner östlich der Trostbrücke und des Gebietes um die Kleine Reichenstraße und die Große Reichenstraße sahen den Zuwachs der Stadt mit gemischten Gefühlen. Die Streitigkeiten häuften sich. So fürchteten die Grundbesitzer in der Neustadt durch den Dreißigjährigen Krieg (1618–48) wirtschaftliche Probleme und wollten deshalb den Hafenanschluss für den Herrengraben. Damit konnten sie sich allerdings nicht gegen die Altstädter durchsetzen.

▷**Globushof**. Hinter der Trostbrücke ragt mächtig der Globushof in den Himmel. Das Gebäude wurde 1907/08 von den Architekten Lundt & Kallmorgen für die Globus-Versicherungs-AG gebaut. Ihr Nachfolger die Allianz Versicherungen hat bis heute ihre Büros dort. Mit seinen barocken Formen, dem markanten Giebel mit typisch Hamburger Gestaltungsdetails – wie hier einem Großsegler – und den Sand- und Ziegelsteinelementen ist der Hof ein sehr schönes Beispiel für ein Hamburger Bürgerhaus.

LANGSAM FAHREN

Die »alte« Neustadt und der Hafen

◁**Die Hamburger Speicherstadt** ist der größte Lagerhauskomplex der Welt. Sie ist vollständig auf Eichenpfählen gebaut und liegt auf einer Elbinsel im nordöstlichen Hafengebiet. Das Areal wird von mehreren Fleeten durchzogen. Ihre Gründung geht auf den Anschluss Hamburgs an das Reichszollgebiet des Deutschen Reiches am 25. Mai 1881 zurück. Mit der entscheidenden Ausnahme des Freihafens. Hier konnten auch nach dem Anschluss Waren zollfrei umgeschlagen werden, sowie zuvor in ganz Hamburg. Dafür brauchten die Hamburger Reeder dringend Lagerräume im Freihafen. Nur so konnten sie auch weiterhin ihr angestammtes Privileg ausüben, Importgüter zollfrei zu lagern, zu veredeln und zu verarbeiten. Ab 1833 mussten dafür allerdings die Wohn- und Geschäftshäuser auf den Elbinseln Kehrwieder, Brook und Wandrahm abgerissen. Hier gab es ein fast vollständig erhaltenes Altstadtviertel aus dem 17. und 18. Jh. Etwa 20 000 Menschen mussten umziehen, die Gemeinde der Hamburger Hauptkirche St. Nikolai verlor damit all ihre Schäfchen. Lichtwark, der erste Direktor der Kunsthalle prägte dafür den Begriff von der »Freien und Abriss-Stadt Hamburg«. Entstanden ist dafür ein einzigartiger Lagerhauskomplex auf 350 000 m². Auch heute noch lagern Gewürze, Teppiche, Kaffee- und Teesäcke in einigen der alten Speicher. Aber ihre Zahl wird mit jedem Jahr kleiner. Internet-Start-Ups und andere moderne Dienstleister rücken nach. Sie haben in ihren über hundertjährigen Büros die Zukunft fest im Blick. Gegenüber nimmt Hamburgs maritime Zukunft langsam Gestalt an: die Hafencity.

Die »alte« Neustadt und der Hafen

▽ **Fleete**. Fleete sind Entwässerungsgräben. Da sie keine Schleusen hatten, mussten »Fleetenkieker« Schlamm und Geröll, die mit der Tide angespült wurden, regelmäßig beseitigen. Fleete und Kanäle gibt es in Hamburg in sehr vielen Stadtteilen, da in früheren Zeiten ein Großteil der Waren übers Wasser in die Stadt transportiert wurden. Die schönsten Fleete finden sich aber in der Altstadt. Die großen Kaufmannshäuser haben eine repräsentative Vorderfront zur Straßenseite hin.

▽▽ **St. Annen**. Besonders eindrucksvoll ist die neugotische Backstein-Architektur bei St. Annen im östlichen Teil der Speicherstadt.

▽ **Gebäude am Steinhöft**. 1908 ließ die Reederei Sloman ein Geschäftshaus am Steinhöft direkt am Rand des Hafens bauen. Architekt war Martin Haller, der auch schon das Rathaus geplant hatte. 1923 wurde das Gebäude durch Fritz Höger erweitert.

▽▽ **Nikolaifleet**. Genau genommen ist er gar kein richtiger Fleet, sondern ein Unterlauf der Alster. Heute verläuft er vom Binnenhafen zum großen Burstah. Am Nikolaifleet begann 1188 der Ausbau des Hafens. Heute findet sich hier mit der Deichstraße auf der einen und Cremon auf der anderen Seite noch die typische Architektur: Schmale hohe Häuser, Fleetfronten der Außendeichhäuser und am Cremon sind vier der alten Speicher erhalten.

▷ **Klaus Störtebeker**. Am Grasbrook steht eine von Hans-Jörg Wagner geschaffene Bronzestatue des mittelalterlichen Piraten Klaus Störtebeker. Nachdem er jahrelang die Hansekoggen genarrt hatte, wurde er 1401 zusammen mit 30 Getreuen enthauptet.

DEUTSCHES ZOLLMUSEUM

Die »alte« Neustadt und der Hafen

◁ **Deutsches Zollmuseum**. Mitten in der Speicherstadt, die ihre Existenz einer extra geschaffenen Lücke in den Zollgesetzen des 19. Jh. zu verdanken hat, befindet sich das Deutsche Zollmuseum. Das im Jahr 1900 errichtete Gebäude wurde früher tatsächlich vom Zoll genutzt. Bis 1985 wurden hier Teppiche verzollt. Zoll wird von Regierungen seit Menschengedenken erhoben. Und so ist das älteste Ausstellungsstück im Deutschen Zollmuseum eine antike Tontafel aus dem Jahr 1964 v. Chr., Fundstücke aus dem Mittelalter finden sich hier ebenso wie Belege aus der Zeit der deutschen Kleinstaaterei, deren Ende mit der Gründung des Deutschen Zollvereins im 19. Jh. eingeleitet wurde.

▷ **Gewürzmuseum**. Wer einmal einen echten Speicher von innen besichtigen möchte, kann das zum Beispiel im Gewürzmuseum in der Speicherstadt tun. Denn das ist in einem der historischen Speicher untergebracht und zeigt heute sehr anschaulich, was früher hier gelagert wurde: Gewürze aus der ganzen Welt.

▷ Auch **Kaffee** war ein wichtiges Lagergut in der Speicherstadt. Der Kaffeeboom der letzten Jahre hat in der Speicherstadt auch wieder eine Kaffeerösterei entstehen lassen. Im integrierten Café kann man bei einer guten Tasse dem Röster bei der Arbeit zusehen, Fragen rund um die begehrten Bohnen stellen oder auch nur den Duft von frisch geröstetem Kaffee genießen.

▷ **Die Kornhausbrücke** ist eine der Brücken über die man in die Hamburger Speicherstadt gelangt. An ihrem nördlichen Ende stehen die Figuren zweier bedeutender Seefahrer: Christoph Kolumbus und Vasco da Gama. Die beiden 1903 geschaffenen Statuen stehen symbolisch für Hamburgs Überseehandel.

Die »alte« Neustadt und der Hafen

◁**Verlagsgebäude Gruner + Jahr.** Wie ein Überseetanker landet das imposante grau-weiße Flagschiff des Hamburger Traditionsverlages Gruner + Jahr am Ufer des Baumwalls, unweit der Landungsbrücken an. Mit Blick auf den Hafen und die bekannteste Hamburger Kirche, den Michel, werden hier unter anderem die Zeitschriften »Stern«, »Brigitte« und »Geo« gemacht. Noch vor der Gründung der Bundesrepublik Deutschland erscheint der Stern am 1. August 1948, damals noch im Henri-Nannen-Verlag. 1965 schließen sich die Verleger John Jahr sr., Gerd Bucerius, der Mitbegründer der Wochenzeitung »Die Zeit« und der Druckereibesitzer Richard Gruner zur Gruner + Jahr GmbH Co KG zusammen. Nicht nur im internationalen Verlagsgeschäft, auch in seiner Heimatstadt Hamburg war der Verlag Vorreiter. Als einer der ersten zog man um – von Hamburgs »guter Stube« an der Alster, ans Ufer der Elbe. Lange Jahre hatten die Hamburger dem Strom, der sie erst zur Hafenstadt macht, den Rücken gekehrt. Die Innenstadt wie die feinen Wohnadressen lagen allesamt an der Alster.

◁**Altstadt.** Erst seit gut 20 Jahren bemüht Hamburg sich nun die Elbe von der Speicherstadt mit der dahinterliegenden Altstadt über den Baumwall bis zu den Landungsbrücken und zur Perlenkette »aufzuhübschen«.

◁**Seekiste.** Direkt hinter den Landungsbrücken geht es in die kleinen Seitenstraßen mit ihren alten Seefahrerkneipen und Fachgeschäften, wie hier in der Dietmar-Koel-Straße.

▷**»Freedom of the seas«.** Von großen Kreuzfahrtschiffen wie hier der »Freedom of the seas«, die die Hamburger regelmäßig an den Landungsbrücken mit viel Tamtam in ihrer Stadt begrüßen, bis zu kleineren Seglern und Kähnen herrscht im Hamburger Hafen zu jeder Jahreszeit buntes Treiben.

Royal Caribbean

L R
BRAKE
MERCUR

Die »alte« Neustadt und der Hafen

◁ **Die Cap San Diego** gilt als das größte noch seetaugliche Museums-Frachtschiff in Hamburg. 1961/62 wurde das Schiff für die Reederei Hamburg Süd gebaut, bis 1981 fuhr sie hauptsächlich die Route nach Südamerika. Direkt an der Überseebrücke hat der Frachter seinen festen Liegeplatz und kann täglich von 10–18 Uhr besichtigt werden. Wenn sie nicht gerade auf »kleiner Fahrt« ist. Denn im Sommer wirft sie nach wie vor die Leinen los, um ihrem Heimathafen Hamburg das Heck zuzukehren.

◁ **Die Fischauktionshalle** ist nicht nur für jeden Hamburger ein Muss, auch kein Tourist sollte sich das Spektakel am Sonntagmorgen entgehen lassen, wenn zwischen 5 und 10 Uhr die Fischverkäufer ihre Ware unter die Leute brüllen. Die Markthalle ist im Stil einer dreischiffigen Basilika erbaut, mit einer mittleren Vierung nebst imposanter Kuppel oben drauf. Das ganze Gebäude ist der Stein gewordene Konkurrenzkampf zwischen dem reichen Hamburg und dem gegenüberliegenden, ehemals dänischen, dann preußischen Altona. Die Bürger von Altona nämlich bauten 1886 diese Fischhalle gegenüber der Hamburgischen Auktionshalle in St. Pauli. Schon seit dem 16. Jh. wurden am Standort der Halle Fischauktionen gegen den Willen der Hamburger abgehalten. Fisch wird immer noch verkauft, aber heute kommen die Leute vor allem, um die Livemusik zu genießen und die Samstagnacht bei einem Katerfrühstück ausklingen zu lassen.

▷ **Auch die Rickmer Rickmers** ist eine der letzten ihrer Art. Der 1896 gebaute Großsegler, der noch im Dienste der Handelsschiffahrt auf die Reise gegangen ist, kann im Hamburger Hafen besichtigt werden.

▷ **Niki de Saint Phalle.** Die Figur der französischen Künstlerin balanciert lebenslustig vor dem bunten Treiben im Hafen.

▷ **Kleine Passagierschiffe** verkehren jeden Abend, um die Besucher zur Spielstätte des Musicals »König der Löwen« mitten im Hafen zu bringen.

STEIGENBERGER

Die »alte« Neustadt und der Hafen

◁**Die südliche Neustadt**. Zwischen dem geschäftigen Hafen, rund um den Baumwall und die Landungsbrücken sowie den innerstädtischen Einkaufsmeilen versteckt sich in der südlichen Neustadt eine kleine Oase mitten in der Großstadt: Rund um den Alsterfleet und Herrengraben finden sich wenige kurze Straßen und ein Platz direkt an der Stadthausbrücke, die so etwas wie kleinstädtische Ruhe ausstrahlen. Gut, vielleicht nicht ganz so kleinstädtisch wie, sagen wir Buxtehude, eher so wie vielleicht Bonn in all den Jahre als Regierungssitz auf uns gewirkt hat. So ein Bonn-Gefühl müssen auch die Betreiber der »Ständigen Vertretung« gehabt haben. Jedenfalls fand eine Filiale ihrer Kneipe, die zunächst aus der Not des Regierungsumzugs heraus ebenfalls in der Hauptstadt entstanden war, hier ihren Hamburger Standort. Schräg gegenüber sitzen feine Damen und Herren beim eleganten Nachmittagstee auf der Terrasse des Steigenberger-Hotels. In der Ständigen Vertretung genießt man das frisch gezapfte Kölsch unter den Augen so manch vergangener Politprominenz aus Bonner Tagen. Eine Ecke weiter rückt dann ein Laden für Seekarten und Hamburgensia die Verhältnisse wieder zurecht.
Heute ist besonders der Teil der Neustadt rund um die Stadthausbrücke ein beliebtes, sehr zentrales Wohnviertel. Regelmäßig bilden sich lange Schlangen, wenn eine Altbauwohnung in einem der begehrten Backsteinhäuser frei wird. Viele Portugiesen und Spanier wohnen hier.
Außerdem befinden sich – der Hafen lässt grüßen – auch die nordischen Seemannskirchen hier, die im 20. Jh. entstanden sind.

▽ und ▷ **Der Hamburger Michel.** Die Hamburger lieben ihren Michel! Mehr als jede andere der fünf Hauptkirchen hat die barock ausgeschmückte Backsteinkirche St. Michaelis einen festen Platz im Herzen der Hansestadt. Vielleicht liegt es daran, dass der wuchtige 132 Meter hohe Turm des Michel, der zweithöchste Kirchturm in Hamburg, von den einfahrenden Schiffen schon von weitem gesichtet werden konnte und so den nahenden Hafen, das Ziele der Reise, ankündigte. Der schwarze Turm mit den abgerundeten Ecken und der markanten Kupferhaube prägt die Silhouette der Stadt. Die Kirchturmuhr ist mit einem Durchmesser von 8 Metern die größte in Deutschland. Im Frühjahr 2000 wurde die riesige »Jahrtausendglocke« eingeweiht, die die 1917 abgenommene, und für die Waffenherstellung eingeschmolzene große Michel-Glocke ersetzt. Über dem Eingangsportal wacht der Schutzpatron der Kirche, der Erzengel Michael. Vielleicht gründet die Liebe der Hamburger zu »ihrem« Michel auch darin, dass St. Michaelis die jüngste der fünf Hauptkirchen ist. Erst 1762 wurde der barocke Backsteinbau fertig gestellt. Die von Ernst Georg Sonnin und Johann Leonard Prey entworfene Kirche gilt als einer der schönsten Barockbauten in Norddeutschland. Sie ist eine klassische Kreuzkirche, wie sie seit Jahrhunderten von Christen gebaut wurden. Mit dem Unterschied, dass sie sich am Ideal des Barock orientiert. Und so ist der Grundriss des Kirchenraums fast quadratisch: 51 Meter breit und 71 Meter lang. Das hat den Vorteil, dass die Gläubigen von jedem der 2550 Sitzplätze aus Altar und Kanzel sehr gut sehen können. An der großen Orgel dahinter wirkten schon viele große Musiker. So schrieb Carl Philipp Emanuel Bach die Festmusik zur Einweihung des Turms im Jahr 1876. Es ist bereits der dritte Bau an dieser Stelle, ein Vorgänger wurde am 10. März 1750 durch einen Blitzschlag zerstört. Der folgende Bau brannte 1906 wieder bis auf die Grundmauern nieder, um anschließend nach den historischen Plänen wieder aufgebaut zu werden.

Die »alte« Neustadt und der Hafen

◁ **Krameramtsstuben**. Am Krayenkamp 10–11, gleich um die Ecke vom Michel findet sich die letzte noch erhaltene Hofanlage aus dem 17. Jh. in der Hamburger Innenstadt: die sogenannten Krameramtsstuben. Seit 1375 war das Krameramt die Zunft der Kleinhändler, Krämer und Kolonialwarenhändler. Ihr Zunftzeichen, Balkenwaage und Elle, befindet sich auf einer Tafel im Hof. In diesem Hof aus den 1620er-Jahren ließ das Krameramt 1796 Freiwohnungen für 20 Witwen ihrer verstorbenen Amtsbrüder errichten.

▷ **Auch die nahe Neanderstrasse** mit ihren denkmalgeschützten Fassaden aus derselben Zeit zeigt, wie Hamburg vor dem großen Brand von 1842 ausgesehen hat. Gefahr aus der Mitte der Stadt, wie der Brand, der sich 1842 in der Altstadt von Haus zu Haus ausbreitete, fürchtete man zu der Zeit nicht halb so sehr wie eine Gefahr von außen. Zwischen 1616 und 1625 wurden die Wallanlagen rund um Hamburg errichtet. Zu der Zeit hatte das dänische Königreich seine Grenzen bis nach Altona ausgedehnt, heute ist das ein Hamburger Stadtteil. Als der Däne Christian IV. einen Kriegshafen im nur rund 50 Kilometer entfernten Glückstadt an der Elbe errichtete, um damit den Elbverkehr kontrollieren zu können, sah man in Hamburg Handlungsbedarf. Die Hamburger beauftragten den niederländischen Festungsbaumeister Johan van Valckenburgh mit der Errichtung neuer Festungsanlagen, die die Stadtmauern aus dem 13. Jh. ersetzen sollten. Unglücklicherweise waren die Wallanlagen schon überholt als sie gerade erst fertig wurden.

▷ **Gerichtsgebäude**. Heute sind die noch erhaltenen Teile der Wallanlagen in Grünflächen und Parks umgewandelt worden, so wie hier die Wallanlagen am Gerichtsgebäude ein Stück hinter dem Michel.

Die »alte« Neustadt und der Hafen

▽ **Die Laeiszhalle** ist Hamburgs bedeutendster Konzertsaal. Und auch sie ist wie viele öffentliche Gebäude aus einer privaten Stiftung entstanden. Der Hamburger Reeder Carl Laeisz vermachte der Stadt testamentarisch eine große Summe zum Bau »einer würdigen Stätte für die Ausübung und den Genuss edler und ernster Musik«. Und so wurde zwischen 1904 und 1908 nach den Plänen Martin Hallers und Erwin Meerweins ein neobarockes Gebäude erbaut. Regelmäßig treten hier die Hamburg Philharmoniker und das Orchester der Hamburgischen Staatsoper unter der Leitung von Generalmusikdirektorin Simone Young auf.

▽▽ **Stadthausbrücke**. Gleich um die altehrwürdige Ecke der Stadthausbrücke befinden sich an der Admiralitätsstraße auch ganz moderne Gebäude (links unten).

▽▽ **Das Museum für Hamburgische Geschichte** befindet sich nur einen Steinwurf entfernt am Holstenwall. Wer einmal eine Kaufmannsdiele besichtigen möchte, das Stammhaus eines Kaufmanns im 17. und 18. Jh., so ähnlich wie Thomas Mann es auch in den »Buddenbrooks« beschreibt, der kann das im Museum tun.

▷ **Denkmalgeschützte Fassaden**. Ein bisschen wirken die drei im Dreieck um den Großneumarkt liegenden Straßen Peterstraße, Neanderstraße und Hütten mit ihren denkmalgeschützten Backsteinfassaden aus dem 17. und 18. Jh. wie eine Insel der Tradition mitten im modernen Hamburg. Auch, wenn die Häuser ursprünglich ganz woanders gestanden haben, nämlich in den Straßen rund um die Katharinen-Kirche. In der Peterstraße 39 befindet sich das Johannes-Brahms-Museum. Der Musiker wurde in der Hamburger Neustadt geboren.

34

St. Georg und St. Pauli

◁**Turm der Dreifaltigkeitskirche.** Ursprünglich gab es im Stadtteil St. Georg einmal eine barocke Kirche aus dem Jahr 1747. Wie viele Bauten wurde auch die Dreifaltigkeitskirche am Ende der Kirchenallee durch die Bomben im Juli 1943 fast vollständig zerstört. Zum Glück für die Bewohner des direkt an der Außenalster gelegenen Stadtteils wurde nach dem Ende des Zweiten Weltkrieges nicht sofort irgendein Behelfsbau hingeklotzt, sondern 1957 eine wunderschöne Konzertkirche nach Entwürfen des Architekten Heinz Graaf errichtet.

▷**St. Georgstrasse.** Von der Dreifaltigkeitskirche blickt man in die St. Georgstraße, in der das eine oder andere historische Gebäude den Krieg überlebt hat. Der zur Alster hin gelegene Teil von St. Georg ist besonders bei der homosexuellen Gemeinde ein sehr beliebtes Wohnviertel.

▷**Bieberhaus.** An der Ecke Hachmannplatz/Kirchenallee steht das Bieberhaus. Das Geschäftshaus wurde 1908–1910 von den Architekten Johann Gottlieb Rambatz und Wilhelm Jolasse erbaut. Heute steht das Gebäude unter Denkmalschutz. Gleich um die Ecke der belebten Straßen von St. Georg wartet die Außenalster auf Erholungssuchende.

▷**Schwanenwik.** Die Grünflächen an der Schwanenwik am Ufer sind besonders im Sommer sehr beliebt, sei es tagsüber zum Sonnenbaden oder abends zum Grillen. Hier soll auf Basis eines Beschlusses der Hamburger Bürgerschaft auch wieder ein richtiger Strand entstehen.

▽ **Die Kirchenallee** läuft auf die Dreifaltigkeitskirche zu. Im Bildhintergrund sieht man den Turm.

▽ ▽ **Die Kneipe Max & Consorten** ist in jeder Hinsicht um Tradition und Legendenbildung bemüht. Seit 250 Jahren schon gibt es eine Gaststätte in dem Haus am Spadenteich 6, seit 25 Jahren Max & Consorten. Wobei Max den Inhaber Max Schönke meint und Consorten eine alte Hamburger Geschäftsbezeichnung ist, wie sie heute noch viele Firmen im Freihafen führen. Das Publikum der Kneipe jedenfalls ist traditionell eher links (und sei es nur bezogen auf den richtigen Ort für den obligatorischen Ohrring) und rustikal, was gut zu dem riesigen alten Portweinfass passt, das in der Mitte des Lokals als Tisch dient.

▽ **Lange Reihe.** Diese Attribute, die nicht unbedingt auf die ansässigen, trendigen Coffeeshops, urigen Weinlokale und schicken Bars in der Langen Reihe zutreffen. Als die Straße noch nicht so angesagt war wie heute, betrieb der Vater von Hans Albers in der Langen Reihe eine Metzgerei.

▽ ▽ **Der Hansaplatz.** Der 17 Meter hohe Brunnen ist ein zentraler Treffpunkt.

▷ **Legendär ist das 5-Sterne-Hotel Atlantic** am Alsterufer von St. Georg. 1909 wurde das Luxushotel nach zweijähriger Bauzeit mit großem Tamtam eröffnet. Gedacht war es vor allem als Anlaufstelle für die 1.-Klasse-Passagiere der Kreuzfahrtschiffe. Das eher konservative Luxushotel genießt einen gewissen Kultstatus seit Panikrocker Udo Lindenberg seinen Wohnsitz im Hotel hat, nebst Atelier unterm Dach und eigenem Privatkino. Das allerdings vermarktet er gemeinsam mit dem Hotel, man kann es für einen privaten Abend mit vier bis acht Personen mieten.

ATLANTIC

GROSSE FREIHEIT
GROS
HOLSTEN Pilsener
PREMIUM
Galerie 36

St. Georg und St. Pauli

◁ Der Stadtteil St. Pauli verläuft zwischen der Neustadt und dem Zentrum von Altona entlang der Elbe. Bei seiner Gründung Anfang des 17. Jh. hieß der Stadtteil noch »Hamburger Berg«. Obwohl der namensgebende »Berg« schon 1620 im Rahmen der Neubefestigung der Stadt planiert wurde, um ein besseres Schussfeld zu haben. Zunächst war es deshalb auch verboten in dieser Gegend zu bauen. Bald schon wurden jedoch Industriebetriebe hierhin verlegt, die großen Lärm und Dreck verursachten. Ende des 17. Jh. kamen Peststationen, Kranken- und Armenhäuser. Etwa zur gleichen Zeit fing man auch mit dem Amüsierbetrieb an – der Kundschaft aus dem nahegelegenen Hafen sei Dank. Oberhalb des Hafens verläuft parallel zur Elbe die berühmte Reeperbahn. Die im Übrigen so heißt, weil hier die Reepschläger (Taumacher) für die Herstellung von Schiffstauen eine lange gerade Bahn benötigten. Bis zur Aufhebung der Hamburger Torsperre 1860/61 lag die Reeperbahn im städtischen Niemandsland. Hamburgs Stadtgrenze war das Millerntor, während man das benachbarte Altona durch das Nobistor betrat. Dort mündete auch die Straße Große Freiheit ein, die nicht, wie man heute vermuten könnte, wegen der hier gewährten sexuellen Freiheiten so heißt. Der Name bezog sich ursprünglich auf die Religions- und Gewerbefreiheit, die die Bewohner, anders als in den benachbarten Städten, hier genossen. In der senkrecht auf die Reeperbahn stoßenden Straße durften sich seit 1610 die unzünftigen Handwerksberufe ansieden. Weit über die Elbe hinaus bekannt geworden ist die »Große Freiheit« aber wohl eher durch Nachtclubs mit in jeder Hinsicht klingenden Namen: »Salambo«, »Safari«, »Colibri« oder »Regina«. Die Showacts auf den Bühnen der Lokalitäten gingen zum Teil über den Striptease hinaus, was zu jeder Zeit eine Menge Neugierige anlockte.

St. Georg und St. Pauli

◁ **Hans Albers** hat ein Wachsdouble im Panoptikum (mittleres Bild) am Spielbudenplatz gleich bei der Reeperbahn, die er in seinem vielleicht berühmtesten Schlager »Auf der Reeperbahn nachts um halb eins« besungen hat. In dem Wachsfigurenkabinett können mehr als hundert deutsche und internationale Personen als lebensechte Wachsfiguren bewundert werden.

◁ **Das Schulterblatt** ist die zentrale Flaniermeile der Gegend, wo tagsüber hippe Klamotten geshoppt werden, während sich abends die Nachtschwärmer in den Kneipen und Bars des Viertels drängen.

▷ **Reeperbahn.** In den 60er-Jahren waren Reeperbahn und Große Freiheit zum Mekka der noch jungen Rockmusik geworden. Einige Bands der Zeit wie die Beatles, The Rattles oder Jimi Hendrix and the Experience schufen sich und den Clubs, in denen sie auftraten, etwa dem »Top Ten« oder dem »Starclub« ihre eigene Legende. In den 70er- und 80er-Jahren versank die Reeperbahn wieder in einem Sumpf aus Bordellen, Peepshows und daran klebender Kriminalität. Erst mit der Eröffnung der Musical-Theater Anfang der 80er-Jahre entwickelte sich die Reeperbahn und St. Pauli zum Amüsierbetrieb für die ganze Stadt. Mit einer einzigartigen Mischung aus Großraumdiscos, Striptease-Lokalen, Bordellen und Kneipen. Von Junggesellenabschieden über Studenten, Partygänger und Bordellbesucher bis zu Touristen zieht es fast jeden einmal zur Reeperbahn.

▷ **Legendär ist auch die Polizeistation Davidwache** an der Ecke Reeperbahn/Davidstraße. Auch ohne die beliebten »Kollegen« aus der Vorabendserie »Großstadtrevier« ist die Davidwache wohl Deutschlands bekannteste Polizeistation. Nördlich grenzt an St. Pauli das Schanzenviertel, das sich in den letzten Jahren zum In-Viertel der Stadt gemausert hat.

Bienvenue,
Côte-d'Ivoire !
OPERETTENHAUS
MAMMA MIA!
HOTEL IMPERIAL

POLIZEI
ST. PAULI-THEATER
HH-AJ 804

◁ **Rathaus Altona.** Anstelle des alten Bahnhofs von Altona, der ein Stück nach Norden verlegt wurde, entstand 1898 das Rathaus Altona. Die Südfassade der ehemaligen Empfangshalle des Bahnhofs wurde in das klassizistische Gebäude mit seinen vier Flügeln integriert. Das weiße, herrschaftliche Gebäude hat einen grandiosen Blick über den Hamburger Hafen. Es erfüllt seinen Zweck bis heute – als Sitz der Bezirksversammlung und des Bezirksamtes von Hamburg Altona.

▷ **Die Palmaille** ist Altonas Prachtboulevard, den der dänische Architekt Christian F. Hansen und sein Neffe M. Hansen zwischen 1786 und 1825 mit zahlreichen klassizistischen Villen bebauten. Angelegt worden war die Palmaille am Elbhang des holsteinischen Örtchens Altona schon im Dreißigjährigen Krieg, nämlich im Jahr 1638. Auf der Straße ließ der Landesherr Graf Otto V. von Schauenburg eine ebene Spielbahn von mehreren hundert Metern anlegen, um seinem Lieblingsspiel Palmaille, einem Croquet-ähnlichen Ballspiel, nachgehen zu können.

▷ **Das Altonaer Museum** zeigt die Kulturgeschichte Hamburgs und des weiteren norddeutschen Umlandes anhand von historischer und aktueller Kunst und vielen kunsthandwerklichen Exponaten.

▷ **Früher wurden in den Zeise-Hallen** Schiffsschrauben hergestellt, heute beherbergen sie ein Film- und Medienzentrum. Neben dem bekannten Zeisekino befindet sich in den alten Werkshallen in Bahrenfeld das Institut für Theater, Musiktheater und Film der Uni Hamburg, die Filmschule Hamburg sowie Filmproduktionsfirmen, Medienbetriebe, Verleihfirmen, eine Buchhandlung sowie verschiedene Restaurants. Das Filmfest Hamburg gab bereits vielen ambitionieren Filmen schon Starthilfe.

St. Georg und St. Pauli

◁**Museumshafen Övelgönne**. Der Hamburger Hafen ist mit einem Containerumschlag von mehr als 140 Mio. Tonnen im Jahr der größte Hafen in Deutschland, in Europa rangiert er nach Rotterdam und Amsterdam an dritter Stelle. Weltweit gehört der Hafen zu den neun größten Containerhäfen überhaupt. Während jeder von Süden kommende Besucher bei der Fahrt durch das riesige Hafengelände verfolgen kann, wie sich der moderne Containerhafen entwickelt, sieht man ein Stück weiter westwärts die Vergangenheit: den Museumshafen Övelgönne. Am Schiffsanleger Neumühlen pflegt ein privater Verein die Tradition der alten Arbeitsschiffe, die früher auf der Elbe ihren Dienst taten. Alle vom Verein betriebenen Wasserfahrzeuge sind voll funktionstüchtig.

◁**Das Feuerschiff Elbe 3**, das die Werft Johann Lange in Vegesack/Weser 1888 baute, ist ebenfalls jederzeit einsatzbereit. Ursprünglich handelte es sich um ein Leuchtschiff mit Hilfsbesegelung ohne Maschinenantrieb. Man nutzte anfangs Petroleum als Energiequelle auf dem Schiff, später stellte man auf Gas um, 1936 wurde das Schiff grundlegend renoviert, die Hilfsbesegelung wurde ab-, eine Maschinenanlage eingebaut und das gesamte Schiff elektrifiziert.

◁**Karl Friedrich Steen**. Neben etlichen historischen Segelschiffen und anderen Maschinenfahrzeugen gehören zum Museumshafen des Museums für Hamburgische Geschichte auch zwei Schwimmkräne. Wie der Schwimmkran Karl Friedrich Steen – getauft nach einem Vorstandsmittglied einer Hamburger Werft –, der als selbst fahrender Schwimmponton mit Wipp-Drehkran 1928 von der Deutschen Werft in Finkenwerder gebaut wurde. Gerade im Abendlicht wirken die Industriedenkmäler beinahe wie moderne Skulpturen.

▷**Für beste Arbeit** kommen die Superstars der Kreuzfahrtschiffe immer wieder in Hamburgs Werften.

RADIANCE OF THE SEAS
MONROVIA

ASSE

Rund um die Alster

◁ DIE »ALTE RABENSTRASSE« am westlichen Ufer der Alster bietet einen wunderschönen Blick auf die Außenalster. Die Stadtteile am westlichen Ufer, Rotherbaum, Grindel und Pöseldorf sind wegen ihres Altbaubestandes sehr beliebte Wohnviertel. Von der großen seeartigen Fläche der – gestauten – Außenalster führen viele Kanäle in die einzelnen Stadtteile Hamburgs. Früher wurden die Bewohner mit Ewerschiffen (Lastkähnen) mit Waren für den täglichen Bedarf beliefert. Heute fahren auf diesen Routen zumeist Ausflugsdampfer und die »Alte Rabenstraße« ist eine ihrer Haltestellen. Bei heftigem Regen können zwar nach wie vor die Abwasserkanäle überlaufen und ihr Wasser ungeklärt in die Alster fließen, aber ein gelegentliches Bad wird inzwischen nicht mehr als gesundheitsschädigend eingestuft. Seit 2002 wird die Triathlon-Disziplin Schwimmen in der Alster abgehalten. Auch sonst sieht man wieder gelegentlich Schwimmer in der Alster. Die Hamburger nutzen die Alster als Naherholungsgebiet. Die 7,5 Kilometer rund um die Außenalster sind eine beliebte Joggingstrecke. Auf dem Wasser sieht man bei gutem Wetter Segelboote, Kanus, Kajaks und Drachenboote. Häufig sind auch Sportruderer zu sehen. Ganze 30 Ruderclubs gibt es im wassersportverrückten Hamburg. An den Kanälen finden sich außerdem einige Bootsverleihe für Kanus und Kajaks. Aus Anlass des Hafengeburtstages »800 Jahre Hamburger Hafen« wurde 1989 erstmals auf der Alster ein Drachenbootrennen veranstaltet, das seitdem jedes Jahr stattfindet und viele Schaulustige anlockt.

Rund um die Alster

▽ »**Planten un Bloomen**« ist Hamburger Platt und bedeutet – so viel sei den Quittjes, so nennen Hamburger Zugereiste – erklärt: Pflanzen und Blumen. Die erste Platane im 47 Hektar großen Park zwischen Dammtorbahnhof und Messegelände wurde schon 1821 gepflanzt. Sie steht heute noch am Eingang Dammtor. 1930 wurde aus dem Zoologischen Garten ein Vogel- und Vergnügungspark. Ein öffentlicher Vergnügungspark im besten Sinne ist der Park bis heute. Im Winter hat täglich eine große 4300 m2 große Eislaufbahn geöffnet, im Sommer gibt es eine Rollschuhbahn, einen Minigolfplatz und zahlreiche Freiluftkonzerte.

▽ ▽ **Die Hamburger Kammerspiele** im Univiertel Grindel nördlich davon genießen Kultstatus in der Theaterwelt. 1918 von Erich Ziegel gegründet machte das Haus in den 1920er-Jahren vor allem mit expressionistischem Theater von sich reden. Man spielte Schnitzler, Wedekind, Brecht und Jahn. Nach dem Krieg übernahm die Schauspielerin Ida Ehre die Intendanz der Kammerspiele, die sie bis zu ihrem Tod 1989 behielt. Nachdem sie als Jüdin die Haft im Hamburger KZ Fuhlsbüttel überlebt hatte, wollte sie nun im Theater »menschliche Probleme und Probleme der Welt (vorführen), von denen wir 12 Jahre lang nichts wissen durften.« Als eine der Ersten ließ sie Wolfgang Borcherts »Draußen vor der Tür« spielen und z. B. die deutschen Fassungen der Werke von Jean Annouilh oder T. S. Elliot.

▽ ▽ **Die Villen an der Aussenalster** sind im Inneren und mit ihren parkähnlichen Gärten üppiger ausgestattet als so manches Landschloss.

▷ Auch das westliche Ufer der Außenalster ist ein beliebter Treff für Sonnenhungrige.

Rund um die Alster

◁ **Hagenbecks Tierpark.** Nördlich der Außenalster, in Stellingen, befindet sich heute Hagenbecks Tierpark. 1863 wurde der Zoo von Carl Hagenbeck senior damals noch am Spielbudenplatz in St. Pauli gegründet. Aber schon 1907 wurde der Tierpark, der als Erster mit gitterlosen Gehwegen aufwarten konnte, nach Stellingen verlegt. Der Park hat eine Größe von 25 Hektar. Das alte Eingangstor zu Hagenbecks Tierpark zeigt es: Neben Freigehegen mit exotischen Tieren, wie Elefanten, Giraffen, Löwen und Affen (im Bild die Paviane bei der Fellpflege), dem Tropenaquarium mit Haien und einer faszinierenden Unterwasserwelt, werden auch viele Pflanzen aus aller Welt gezeigt. In der sechsten Generation wird der Tierpark immer noch als Familienbetrieb der Hagenbecks geführt.

▷ **Der Stadtteil Pöseldorf** an der westlichen Außenalster ist zwar nur gut vier Kilometer vom Stadtzentrum entfernt, manche Straßenzüge wirken aber immer noch so verträumt wie das alte Dorf vor den Toren Hamburgs ausgesehen haben mag. Nach der Aufhebung der Torsperre im Jahr 1860 begann die Urbanisierung des Alstervorlandes. In dieser Zeit entstand auch die St. Johanniskirche, hier im Bildhintergrund zu sehen.

▷ **Der Isemarkt** im nahen Eppendorf wird direkt unter der Hochbahnbrücke der S-Bahn zwischen den Stationen Eppendorfer Baum und Hohe Luft abgehalten. Er ist einer der beliebtesten städtischen Wochenmärkte. Direkt am Ufer der Außenalster liegt der Stadtteil Pöseldorf. Einst ein kleines Dorf vor den Toren Hamburgs, in dem Dienstboten und Handwerker lebten, hat sich der Stadtteil heute zu einem der Nobelviertel entwickelt, in dem großbürgerliche Villen, Konsulate und Botschaften angesiedelt sind.

▷ **Die dörflichen Ursprünge** sieht man nur noch an wenigen Stellen, wie in der Kneipe »Altpöseldorfer Bierstuben«.

Rund um die Alster

▷ **Die Alster**. Bis zur Schleuse in Ohlsdorf, rund 10 Kilometer nördlich vom Hamburger Stadtzentrum, können Wassersportler die Alster sehr gut befahren. Frühmorgens sieht man auf dem Alsterkanal häufig Sportruderer. Von der gestauten Alster aus führen viele Kanäle in die verschiedenen Stadtteile Hamburgs. Einst wurden Waren auf dem Wasserweg zu den Bewohnern der abgelegeneren Stadtteile geschifft. Supermärkte werden heute anders beliefert und mit Kohle wird auch fast nirgends mehr geheizt, was den Hamburgern aber geblieben ist, sind wunderschöne, zum Teile fast verwunschen wirkende Wasserwege. Deswegen wird Hamburg zuweilen auch »Venedig des Nordens« genannt. Sobald die ersten Sonnenstrahlen den in dieser Hinsicht nicht ganz so verwöhnten Hanseaten den Tag versüßen, strömen sie ans Wasser. Überall sieht man dann Leute am Ufer beisammen sitzen, grillen und die Angelleinen auswerfen. Auf dem Wasser geht es dann nicht weniger turbulent zu. Kleine wendige Paddelboote und Kanus flitzen übers Wasser, große Drachenboote bahnen sich mit dem Lärm ihrer Trommelschläge ihren Weg, Ruderer, Treetboote, kleine Segelboote – alles, was schwimmen kann – scheint sich dann auf dem Wasser zu befinden. Auch die Dampfer der Alstertouristik bahnen sich ihren Weg durchs Getümmel. Besucher können so einen ganz anderen Blick auf die Hansestadt erhaschen. An manchen Stellen wirkt das Grün so undurchdringlich, dass man kaum glauben kann, mitten in einer Großstadt zu sein. Immer wieder gibt der üppige Uferbewuchs den Blick frei auf wunderschöne private Gärten und öffentliche Parks.

Rund um die Alster

◁**Das Café am Mühlenkamp** im Hamburger Stadtteil Winterhude ist nach einem Spaziergang auf dem Weg entlang der Außenalster besonders im Sommer ein beliebter Treff.

◁▷**Stadtvillen**. Der Stadtteil Uhlenhorst am östlichen Alsterrand zeigt in einigen Straßenzügen wunderschöne Altbauten. Während am Hofweg Mehrfamilienhäuser in der Überzahl sind, stehen in der Körnerstraße kleine elegante Stadtvillen. Man wohnt übrigens nicht »in« sondern »auf« der Uhlenhorst, da der Name auf die geographische Bezeichnung »Horst« zurückgeht.

◁**Imam Ali Moschee**. An der Ecke der Straßen Schöne Aussicht und Fährhausstraße befindet sich die Imam Ali Moschee. Das imposante Gebäude mit der lindgrünen Kuppel und den beiden Minaretten ist die viertälteste Moschee in Deutschland. Schon 1961 wurde der Grundstein gelegt. Die durchaus stattlichen Kosten für das Grundstück an dieser repräsentativen Adresse hatten iranische Kaufleute ebenso finanziert wie die Baukosten von 1 Mio. Euro. Besonders das Fundament für das recht große Gebäude war sehr kostenintensiv, da der feuchte Baugrund in unmittelbarer Nähe zur Außenalster, zum Uhlenhorster- und Osterbek-Kanal aufwändig trockengelegt werden musste. Träger und Bauherr des schiitischen Gotteshauses ist das Islamische Zentrum Hamburg e. V. Bis zu 1500 Gläubige können sich in der Moschee zum Gebet zusammenfinden. Auf der gegenüberliegenden Straßenseite befinden sich lediglich ein Segel- und zwei Ruderklubs, sodass die Moschee einen fast freien Blick auf die Außenalster hat.

Rund um die Alster

◁ **Der Ohlsdorfer Friedhof** wurde 1877 feierlich eröffnet. Nie wieder sollte in Hamburg Mangel an Grabstellen herrschen. Wilhelm Cordes, der erste Friedhofsdirektor, schuf einen romantischen Parkfriedhof, der sich am Vorbild englischer Landschaftsgärten orientiert – mit der Natur nachgeahmten Wegverläufen, Wasserflächen und Pflanzungen. Seinem humanistischen Anliegen zufolge sollte jeder Verstorbene im eigenen Grab umgeben vom Paradies ruhen. So ist der Friedhof nicht nur eine letzte Ruhestätte für viele Hamburger, sondern auch ein wunderschöner Park und Naherholungsraum.

◁ **Der Margarethenbrunnen** wurde anlässlich der Bundesgartenschau im Jahr 1953 geschaffen.

▷ **Wassersport**. Bei Sonnenschein sind die vielen Segelboote auf der Außenalster vor den Türmen der Mundsburg ein vertrautes Bild für die Hamburger. Markant sind auch die Mundsburg-Türme von 1973 am östlichen Ufer. Der Name Mundsburg geht auf den früheren Eigentümer, den Hamburger Weinhändler Johann Hinrich Mund aus dem 16. Jh. zurück.

▷ **Die Krugkoppelbrücke** führt über den Teil der Alster, wo sich die Außenalster zum Alsterkanal verengt. Gleich nebenan befindet sich das Ausflugslokal »Bobby Reich«, das eine wunderschöne Terrasse direkt am Wasser hat. Zum Lokal gehört auch ein Bootsverleih.

▷ **Das Planetarium im Stadtpark** war ursprünglich ein Wasserturm. Der Dresdner Architekt Oscar Menzel hatte 1908 den Wettbewerb mit seinem Entwurf eines 60 Meter hohen Wasserturms im Stadtteil Winterhude gewonnen, der dann unter der Regie von Fritz Schumacher gebaut und mitten im Ersten Weltkrieg in Betrieb genommen wurde. Seit 1930 befindet sich in dem Gebäude das Planetarium, das mit seiner Projektionskuppel von 22 Metern Besuchern die Welt der Sterne eindrucksvoll vor Augen führt.

▽ **Das Jenischhaus mit dem Jenischpark** ist ein sehr gut erhaltenes Beispiel für die Kultur der Wochenendlandsitze. Der Hamburger Bausenator Martin Johann Jenisch der Jüngere ließ das Haus 1831–34 als Wochenendsitz bauen – zusätzlich zu seinem Wohnhaus direkt an der Binnenalster. Seit 1933 ist das Haus Außenstelle des Altonaer Museums. Im Inneren können Besucher im Erdgeschoss eine Folge von klassizistischen Sälen besichtigen, die mit ihren Möbeln, Gemälden und viel Kunsthandwerk die Entstehungszeit des Hauses spiegeln. Im ersten Stock finden sich dann Möbel aus dem Barock, Rokoko und Biedermeier.

▽▽ **Café Witthüs.** Nach einem Spaziergang am Elbstrand ist das hübsche reetgedeckte Café Witthüs ein Muss. Das Café wurde um das Jahr 1800 als Kavaliershaus zum Landsitz des Kaufmanns Godeffroy gebaut.

▽▽ **Der Wittenberger Leuchtturm** liegt am westlichen Elbufer. Das benachbarte Wedel gehört schon zu Schleswig-Holstein. Hier wirkt die Elbe schon fast wie das Meer, es riecht nach Salzwasser, Möwen kreischenund und es herrscht ein steter Wind.

▷ **Die Nienstedtener Kirche** wurde 1751 gebaut. Das Dorf Nienstedten an der Elbe wurde schon 1297 das erste Mal urkundlich erwähnt und gehört damit zu den ältesten Gemeinden Holsteins. Kleine Handwerksbetriebe und Bauernhöfe prägten lange das Bild des Ortes. Die Lage oberhalb der Elbe mit nahezu unverbaubarem Blick auf den Fluss zog ab dem 18. Jh. reiche Kaufleute und Reeder an, die hier ihre Landsitze bauten. 1937/38 wurde Nienstedten dann eingemeindet. Seither gehört es zu den Hamburger Elbvororten, die eine sehr beliebte Wohnadresse sind.

STRANDHOTEL

◁ **Das Strandhotel in Blankenese** wurde 1902 erbaut. Noch heute wird das schmucke weiße Jugendstilgebäude als privates Hotel betrieben. Es wurde mit viel Liebe zum Detail erhalten. Wer sich also einmal wie ein Kapitän fühlen möchte, der sollte unbedingt eines der Hotelzimmer mit Elbblick beziehen.

▽ **Der Süllberg bei Blankenese** ist schon seit Jahrhunderten ein beliebtes Ausflugsziel der Hamburger. Im 11. Jh. ließ der Erzbischof von Hamburg und Bremen Adalbert der Große den Wald roden, um oben auf dem Berg ein Kastell und eine Propstei zu bauen. Die Burg sollte den Fährverkehr auf der Elbe sichern. Noch heute überragt das trutzige Gebäude den 74 Meter hohen »Berg«, auf dem sich ein beliebtes Ausflugslokal befindet. Unterhalb des Lokals schmiegt sich zwischen grüne Bäume und Sträucher ein schmuckes weißes Hangdorf an den Berg. Kapitäne und Lotsen bauten hier kleine Häuser für ihren Lebensabend: Tweehäuser zumeist, Doppelhäuser, die traditionell so aufgeteilt waren, dass der Kapitän zur Elbseite wohnte, während der Lotse sich mit der Hangseite begnügen musste. Heute sind die hübschen kleinen Häuschen im Treppenviertel, zwischen die sich nur hier und da mal eine Bausünde geschmuggelt hat, komfortabel ausgebaut. In Blankenese stehen heute viele der großen Parks mit den alten Baumbeständen, die früher zu den Anwesen von Reedern oder reichen Kaufleuten gehörten, der Öffentlichkeit offen. Besonders reizvoll sind z. B. der Hessepark oder der römische Garten am Polterberg. Der Elbvorort Blankenese gehörte zunächst zur Grafschaft Holstein-Pinneberg, danach zum Herzogtum Holstein, das zwischen 1460 und 1866 von den dänischen Königen in Personalunion mitregiert wurde. 1937 wurde Blankenese wie auch die übrigen Elbvororte von Altona und Othmarschen im Osten bis nach Rissen im Westen mit dem Groß-Hamburg-Gesetz eingemeindet. Noch heute fühlt man sich im feinen Blankenese fernab vom Trubel der Großstadt. Das wissen auch die Prominente wie der Komiker Otto Walkes zu schätzen.

Das Hamburger Umland

▷ **Der Hamburger Hafen** feierte 1989 seinen 800. Geburtstag. Heute bietet er Liegeplatz für 320 Seeschiffe, davon 38 für große Containerfrachter, neun weitere dieser großen Liegeplätze sind in Planung. In den vergangenen Jahren hat sich der Güterumschlag im Hamburger Hafen kontinuierlich vergrößert. So lag der Umschlag aller Güter 1990 noch bei 61,4 Mio. Tonnen, 2000 waren es dann schon 85,1 Mio. Tonnen und heute mehr als 140 Mio. Tonnen Güter, die durch den Hafen gingen. Damit ist er nicht nur der größte deutsche Hafen, sondern nimmt auch in der Welt einen Spitzenrang ein. Erst 1967 begann die Einführung des Containers. Und noch 1990 lag der Anteil an Stückgut im Hamburger Hafen bei 68,6%, inzwischen werden etwa 95% der umgeschlagenen Güter in Container verpackt. Als Reaktion auf die Industrialisierung der Berufsschifffahrt wurde in Hamburg der Westhafen ausgebaut, 2002 der Containerterminal Altenwerder in Betrieb genommen. Damit können im Hamburger Hafen noch 15 Mio. Tonnen Stückgut zusätzlich umgeschlagen werden. Obwohl er 110 Kilometer von der Nordsee entfernt liegt, gilt der Hamburger Hafen als Seehafen. Dafür muss die Elbe allerdings auch ständig ausgebaggert werden, um so zumindest eine Wassertiefe von 13 Metern in der Fahrrinne zu gewährleisten. Trotzdem können die größten Containerschiffe den Hafen nicht voll beladen anlaufen. Deshalb wird auch immer wieder eine weitere Vertiefung der Fahrrinne diskutiert. Dagegen spricht nicht nur der Umwelt-, sondern auch der Hochwasserschutz. Gegen eine Auslagerung des Hafens in Richtung Nordsee sprechen wiederum die hohen Erschließungskosten, die ein neues Hafenbecken verursachen würde und die vergleichsweise niedrigen Transportkosten in der Schifffahrt.

EUROGATE
EUROGATE
EUROGATE
KOCKS
LIEBHERR
LIEBHERR
LIBRA HOUSTON

Das Hamburger Umland

◁ **Das Dockland Gebäude** am Fischereihafen schuf das Architekturbüro Bothe, Richter, Teherani. So sehen die Architekten die neue Generation der Kontorhäuser. Wie ein glänzender Ozeanriese liegt das Bürogebäude am Hafenrand in Altona. Die Dachterrasse des Bürogebäudes steht auch für Besucher offen.

◁ **Die Neue Elbbrücke** ist eine der Brücken, die Hamburg mit dem südlich der Elbe gelegenen Harburg verbinden. 1960 wurde sie als Erweiterung der alten Elbbrücke aus dem Jahr 1888 gebaut. Dabei wurde an die historische Brücke eine moderne Fachwerkbalkenbrücke angebaut. Die beiden Fahrspuren der alten 304 Meter langen Brücke dienen heute als Busspuren.

▷ **Die Köhlbrandbrücke** wurde 1974 fertig gestellt. Sie verbindet die Hafengrundstücke zwischen Norder- und Süderelbe. Über 325 Meter schwingt sie sich über den Köhlbrand, durch den seit der großen Sturmflut von 1962 die Süderelbe in die Norderelbe abfließen kann. Ihre Silhouette ist bei Filmemachern äußerst beliebt. Alljährlich feiern die Hamburger den Hafengeburtstag. Die Hamburger sehen den 7. Mai 1189 als den Geburtstag ihres Hafens. Auf diesen Tag ist nämlich der Freibrief datiert, den Kaiser Barbarossa den Hamburgern ausstellte und in welchem er ihnen »Zollfreiheit für ihre Schiffe auf der Elbe von der Stadt bis an die Nordsee« gewährte. Und so wird jedes Jahr im Mai der Hafen festlich geschmückt – so wie im mittleren Bild der Eingang zum alten Elbtunnel – und der Geburtstag mit Gottesdienst, einem bunten Jahrmarkt auf der Hafenmeile, Schlepperballett und einem großen Feuerwerk gefeiert.

▷ **Kräne.** Wie auf einer Perlenschnur aufgereiht stehen die Kräne am Containerhafen in Reih und Glied und warten auf ihren Arbeitseinsatz.

Das Hamburger Umland

◁ **Den Einfluss der Holländer**, die das Land im 12. Jh. urbar machten, Bewässerungsgräben anlegten, Zugbrücken, Windmühlen und stolze Bauernhöfe bauten, sieht man noch heute allenthalben. Etwa beim Apfelhof in Finkenwerder (Bild oben) oder an diesem Tor eines Farmhauses im Alten Land (Bild Mitte). Direkt hinter dem geschäftigen Treiben der Kräne und Containerschiffe des Hamburger Hafens schließt sich auf der anderen Elbseite die Obstplantage am Aue-Hauptdeich in Finkenwerder an (Bild unten). Für Obstanbau, speziell Apfelplantagen, sind die Bauern im Alten Land berühmt. In langen geraden Reihen ziehen sich ihre Apfelbäume durchs Land. Im Frühling, wenn sie über und über voll weißer Blüten stehen, spazieren oft Touristen durch die verzauberte Landschaft.

▷ **Der Leuchtturm Bunthauser** Spitze auf Moorwerder bewacht die Elbe von diesem dünn besiedelten Teil der Elbinsel Wilhelmsburg aus. Hier findet man mitten in der Großstadt Schafherden, alte Bauernhäuser, Gemüsebeete und Reiterhöfe. Am südlichen Ufer der Elbe beginnt das benachbarte Niedersachsen. Von der Süderelbe bei Moorburg bis zum Flüsschen Schwinge bei Stade erstreckt sich hinterm Elbdeich das malerische »Alte Land«, das im Übrigen schon seit dem 14. Jh. »alt« genannt wurde. Neben den vielen Entwässerungsgräben, die Holländer seit dem 12. Jh. anlegten, bilden die beide Flüsse Lühe und Este natürliche Grenzlinien. Nach diesen Meilen grenzen sich die drei Deichverbände der Gegend voneinander ab: Die erste Meile liegt zwischen Stade und Lühe, die zweite zwischen Lühe und Este und die dritte schließlich zwischen Este und Hamburg.

23

Das Hamburger Umland

◁**Norderelbe**. Westlich grenzen an Harburg die Vier- und Marschlande. Sie liegen in und um das Elbe-Urstromtal im äußersten Südwesten Hamburgs. Wie aus der Zeit gefallen wirkt die verwunschene Flusslandschaft an manchen Stellen wie hier die Norderelbe bei Moorwerder.

◁**Bauernhaus an der Este**. Die Este ist ein kleiner Zufluss zur Elbe, die in der Lüneburger Heide entspringt, nordöstlich von Buxtehude für ein kurzes Stück die Hamburger Landesgrenze passiert, um dann im Alten Land bei Cranz in die Elbe zu münden. Dieses Bauernhaus an der Este zeigt stolz den Reichtum, den die Äpfel so manchem Bauern brachten.

▷**Harburg** schließt sich im Osten an das Alte Land an. Harburg ist auch der einzige Stadtteil Hamburgs, der südlich der Elbe liegt. Wobei »Stadtteil« Harburg nicht ganz richtig umschreibt, da der Bezirk mit über 112 000 Einwohnern eher den Charakter einer Großstadt hat, was Harburg bis zur Eingemeindung 1938 auch war. Bis dahin hatte die Stadt zum Land Hannover, beziehungsweise zur preußischen Provinz Hannover gehört. Gut erhaltene und hübsche alte Fachwerkhäuser wie in der Harburger Schloßstraße prägen das Bild diese Hamburger Stadtteils.

▷**Die neuen Bürogebäude im »Channel Harburg«** getauften Gewerbegebiet am Harburger Hafen, sind nur wenige Fußminuten von der historisch anmutenden Schloßstraße entfernt und prägen ebenso das Erscheinungsbild von Harburg. Vom Schreibtisch aus haben die Mitarbeiter, die hier ihre Büros haben, einen Logenblick auf die Schiffe im Hafen, hier die »Seute Deern«. Schiffe werden häufig so getauft, bedeutet der plattdeutsche Name doch »Süßes Mädchen«.

▷**Der Weihnachtsmarkt** findet vor dem Harburger Rathaus im Neorenaissance-Stil eine romantische Kulisse.

◁**Der Hamburger Hafen** ist der größte Seehafen Deutschlands und der drittgrößte von Europa. Mit seinen vier Containerterminals ist er zugleich – nach Rotterdam und Antwerpen – der drittgrößte Containerhafen Europas.

Impressum

Produktmanagement: Susanne Caesar;
für diese Ausgabe: Dr. Birgit Kneip
Redaktion: Claudia Lensch, München
Texte: Ulrike Ammermann, Hamburg
Repro: Scanner Service, Verona
Umschlaggestaltung: Antonio Moriello
Satz/Layout: graphitecture, Rosenheim
Kartografie: Astrid Fischer-Leitl, München
Herstellung: Bettina Schippel
Gesamtherstellung Bruckmann Verlag GmbH, München

Alle Angaben dieses Werkes wurden vom Autor sorgfältig recherchiert und auf den aktuellen Stand gebracht sowie vom Verlag geprüft. Für die Richtigkeit der Angaben kann jedoch keine Haftung übernommen werden. Für Hinweise und Anregungen sind wir jederzeit dankbar.
Bitte richten Sie diese an:
Bruckmann Verlag
Postfach: 400209, 80702 München
E-Mail: lektorat@bruckmann.de

Umschlagvorderseite: Binnenalster
Umschlagrückseite: Hafen Geburtstag, Schwanenwik, Wachsfigur von Hans Albers im Panoptikum, Speicherstadt
Seite 6–7: Alsterfontäne

Bildnachweis:
AKG-Images GmbH, Berlin: Karte Vorsatz; picture alliance/dpa, Frankfurt: S. 10/11; 92/93. bildagentur Look, München: Titelbild. Alle anderen Bilder stammen von Michael Pasdzior

Die Deutsche Bibliothek – CIP-Einheitsaufnahme
Ein Titelsatz für diese Publikation ist bei Der Deutschen Bibliothek erhältlich.

Überarbeitete und aktualisierte Auflage 2011

ISBN 978-3-7654-5685-5

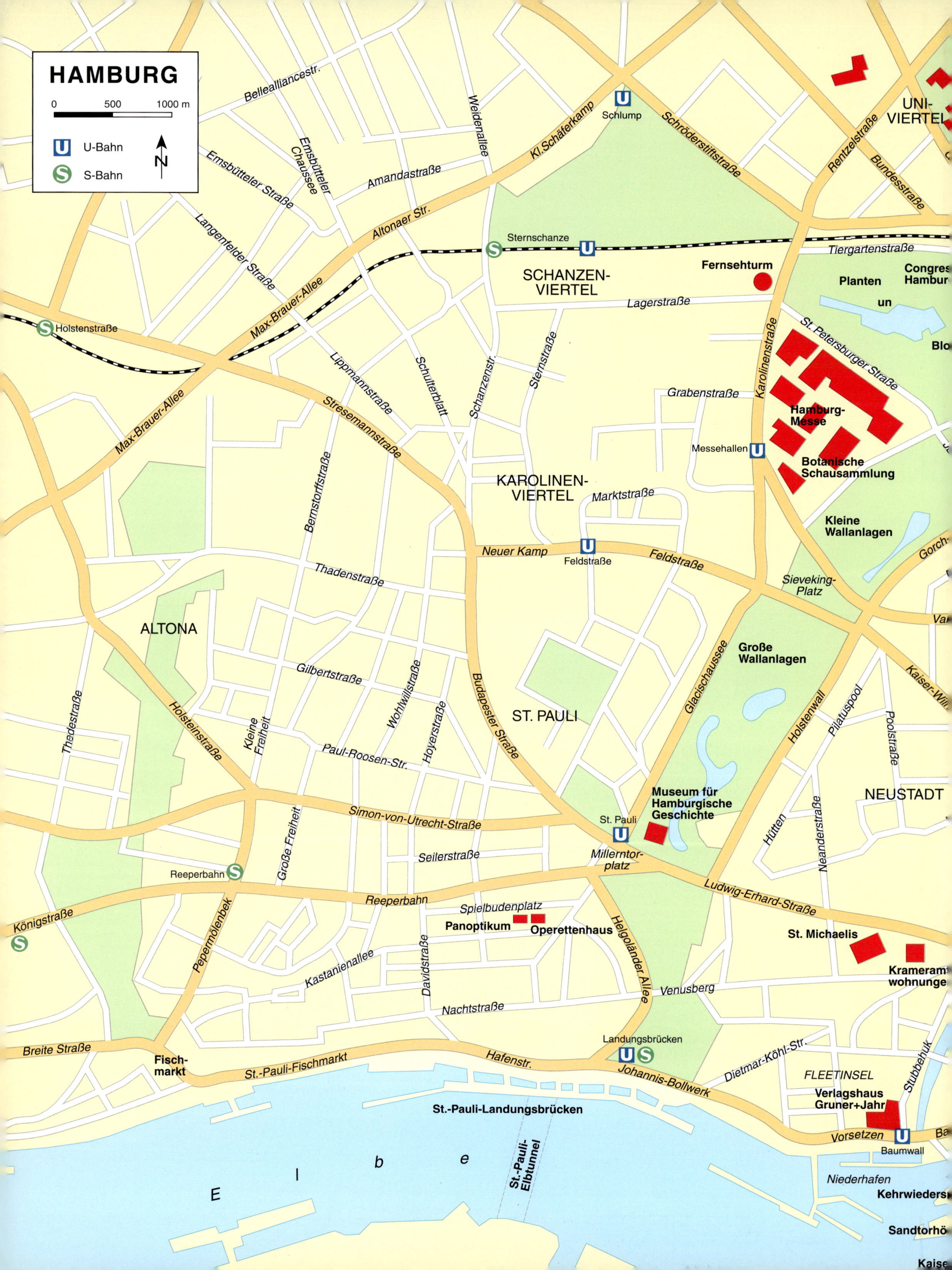

HAMBURG
0
500
1000 m
U-Bahn
S-Bahn
N
Belleallliancestr.
Emsbütteler Chaussee
Weidenallee
Kl. Schäferkamp
Schlump
Schröderstiftstraße
Rentzelstraße
UNI-VIERTEL
Bundesstraße
Emsbütteler Straße
Amandastraße
Langenfelder Straße
Altonaer Str.
Sternschanze
Tiergartenstraße
Fernsehturm
Congress Hambur
Planten un
SCHANZEN-VIERTEL
Lagerstraße
Holstenstraße
Max-Brauer-Allee
Karolinenstraße
St. Petersburger Straße
Blo
Lippmannstraße
Schulterblatt
Schanzenstr.
Sternstraße
Grabenstraße
Hamburg-Messe
Stresemannstraße
Messehallen
Botanische Schausammlung
Bernstorffstraße
KAROLINEN-VIERTEL
Marktstraße
Kleine Wallanlagen
Neuer Kamp
Feldstraße
Gorch-
Thadenstraße
Sieveking-Platz
ALTONA
Va
Große Wallanlagen
Gilbertstraße
Wohlwillstraße
Budapester Straße
Glacischaussee
Kaiser-Wil
Holsteinstraße
Thedestraße
Kleine Freiheit
Hoyerstraße
ST. PAULI
Holstenwall
Pilatuspool
Poolstraße
Paul-Roosen-Str.
Museum für Hamburgische Geschichte
NEUSTADT
Simon-von-Utrecht-Straße
St. Pauli
Hütten
Neanderstraße
Große Freiheit
Seilerstraße
Millerntor-platz
Reeperbahn
Ludwig-Erhard-Straße
Königstraße
Spielbudenplatz
Panoptikum
Operettenhaus
St. Michaelis
Pepermölenbek
Helgoländer Allee
Krameram wohnunge
Kastanienallee
Davidstraße
Venusberg
Nachtstraße
Landungsbrücken
Dietmar-Koel-Str.
Stubbenhuk
Breite Straße
Fisch-markt
Hafenstr.
St.-Pauli-Fischmarkt
Johannis-Bollwerk
FLEETINSEL
Verlagshaus Gruner+Jahr
St.-Pauli-Landungsbrücken
Vorsetzen
Ba
Baumwall
E l b e
St.-Pauli-Elbtunnel
Niederhafen
Kehrwieders
Sandtorhö
Kaise